AF279474

Wenn Seelen Spielen

Eine Geschichte für
Kinder und Erwachsene

geschrieben und illustriert von Teneke Groisier

Bibliografische Information der Deutschen Nationalbibliothek:
Die Deutsche Nationalbibliothek verzeichnet diese Publikation in der Deutschen Nationalbibliografie;
detaillierte bibliografische Daten sind im Internet über dnb.dnb.de abrufbar.

Verlag: BoD · Books on Demand GmbH, In de Tarpen 42, 22848 Norderstedt
Druck: Libri Plureos GmbH, Friedensallee 273, 22763 Hamburg

ISBN: 978-3-8370-5042-4

Vorwort:

Ich habe mal auf ein junges Mädchen aufgepasst und um uns die
Zeit zu vertreiben, spielten wir mit ihren Spielsachen.
Sie erklärte mir, welche Figuren die Guten und welche die Bösen
seien. Daraufhin wollte ich einen pädagogischen Beitrag leisten
und fragte sie, ob es denn unbedingt die Bösen geben müsse.

Was sie sagte brachte mich zum nachdenken:

„Nein, muss es nicht. Aber dann wird das Spiel halt spannender."

Sie sagte viele interessante und auch sehr weise Dinge, ich würde
behaupten, sie ist eine alte Seele. Der oben genannte Satz berührte
mich besonders, da ich schon immer fasziniert von der vielfältigen
Dualität dieses Lebens war.

Danke liebe R. für deine schöne und inspirierende Sicht auf das
Leben. Ich wünsche dir das Allerbeste von ganzem Herzen!

Ich wünsche allen Seelen dieser Erde ein
glückliches, erfülltes und gesundes Leben!

Stell dir vor
du bist
Geist

Und dann
kommt dein bester
Kumpel Geist
und sagt...

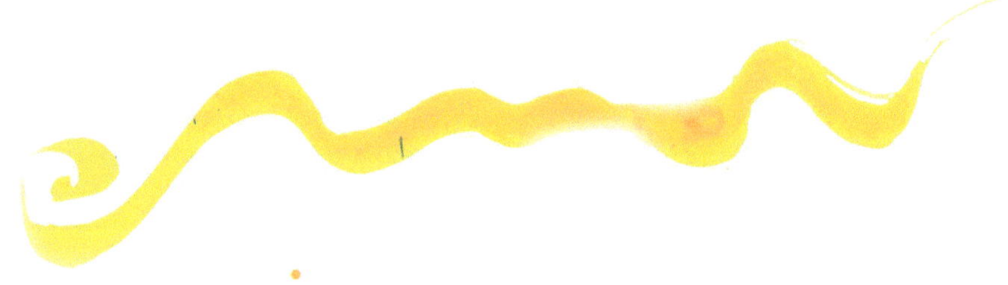

„Hey,
es gibt ein
neues Spiel.
Es heißt
Leben!"

„Es spielt
auf einem
Planeten
namens
Erde."

„Und als
Spielfigur
bekommst du
einen Körper
namens
Mensch."

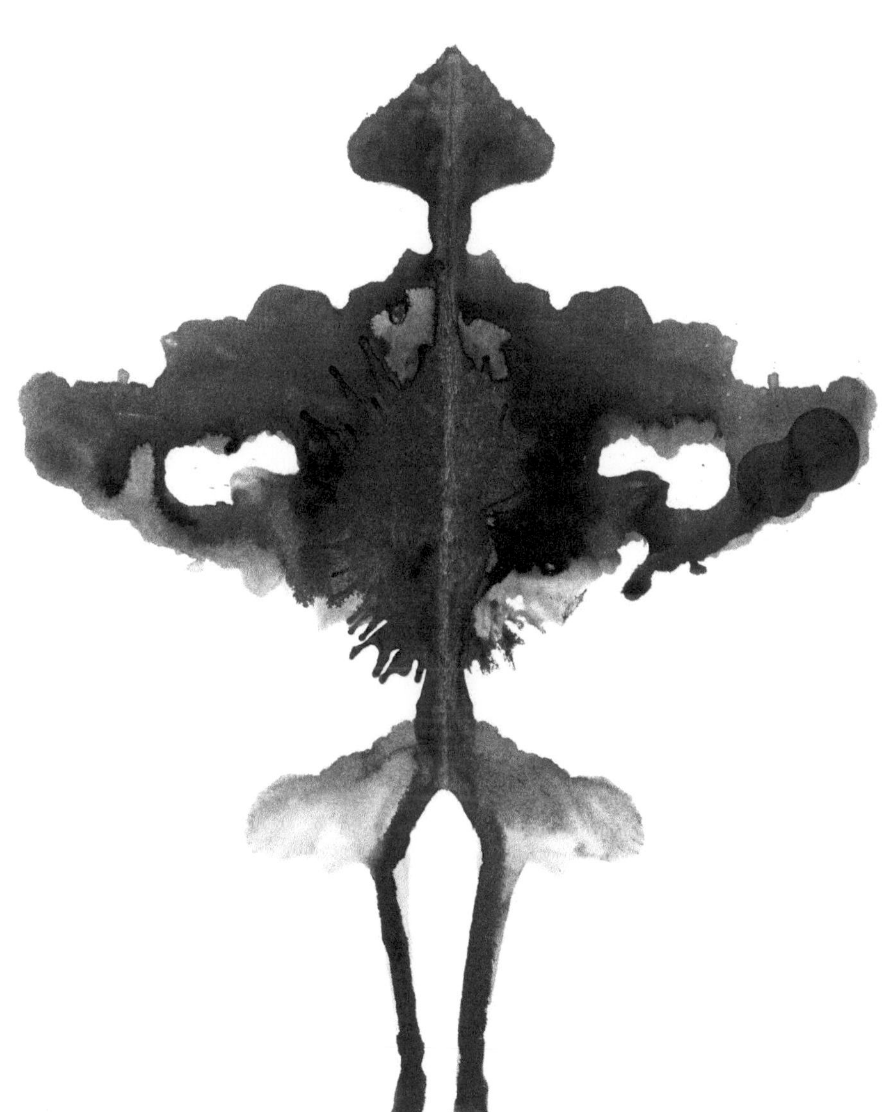

„Das Spiel
findet in der
3. Dimension
statt."

Du denkst dir :

„Cool, ich bin dabei!"

Alle Seelen,
die mitspielen
wollen,
müssen jetzt
gut
aufpassen!

„Die
3. Dimension
ist eine
Welt
der
Dualität."

„Es gibt also immer
2 Pole, wie zum Beispie

Tag & Nacht
Licht & Schatten
hell & dunkel
oben & unten
links & rechts
schnell & langsam
kalt & warm
positiv & negativ
Liebe & Angst

und natürlich alles
dazwischen"

„Hahaha"
lacht ein Geist
und sagt :
„Ein Spielfeld
in der
3. Dimension
ist ja ein
Kinderspiel!"

„Klar,
wenn man die
höheren
Dimensionen
kennt ist die
3. Dimension
bloß ein
Kinderspiel."

„Doch um
das Spiel
spannender
zu machen,
gibt es noch
ein paar
Spielregeln!"

1.

Wenn du mit deiner Spielfigur „Mensch"
auf der „Erde"
landest,
wirst du vergessen
dass es nur ein
Spiel ist.

2.

Verletze andere Spielfiguren nicht mit deiner Spielfigur, denn im Spiel kann Schmerz sehr real wirken.

3.
Erinnere dich
an die
Spielregeln,
an deine
Seelenfreunde
und daran,
dass ihr gerade
bloß spielt!

Dein bester Kumpel
Geist fragt sich laut:

„Und wenn wir es
geschafft haben
uns zu erinnern
sind wir schon
fertig?"

„Nein, nein
so schnell ist
das Spiel nicht
vorbei.
Es gibt noch
viele weitere
Aufgaben!"

„Neben den allgemeinen Aufgaben, hat jede Seele auch noch individuelle Aufgaben.

Habt also Verständnis miteinander."

4.

Wenn du es geschafft hast deine Mitspieler wieder als deine Seelenfreunde zu erkennen, dann bringe deine Erinnerungen in euren Alltag.

5.

Jedes Gefühl und
jeder Gedanke
der auf dieser
Erinnerung
beruht,
wird belohnt.

6.

Jede Handlung,
die auf dieser
Erinnerung
beruht, wird
doppelt belohnt.

7.

Bringe andere
Spielfiguren
auch dazu
sich
an das
gemeinsame Spiel
zu erinnern.

„Wow,
das sind ja
wundervolle
Aufgaben",

freut sich ein Geist.

8.

Das Spiel
wird so oft
wiederholt,
bis alle
sich erinnern
können.

9.

Du hast
so viele
Versuche
wie du
brauchst.

„Was passiert,
wenn ich es nach all
den Versuchen
trotzdem nicht
schaffe?",

fragst du etwas
besorgt.

„Rufe die Engel und die Sterne, wenn du nicht mehr weiter weißt!"

Das Seelenreich ist während des Spiels immer für euch da!

Vertrauen ist der Schlüssel!

„Ein wunderbares
Wesen ist auch
immer bei euch:

Die Erde.
Mutter Natur!"

„Ich bitte euch von ganzem Herzen:

Achtet und kümmert euch gut um das Spielfeld. Es lebt! Ohne sie gäbe es kein Spiel."

10.

Die Zeit
ist euer
einziger
Gegner.

Zeit
existiert
nur
auf dem
Spielfeld!

„Was ist Zeit?",

fragt ein Geist
verwundert.

„Zeit ist nur eine Illusion."

Sie hält das Spiel am Laufen.

Du kannst dir Zeit wie ein „Daumenkino" vorstellen.

Durch die Abfolge der Bilder entsteht Zeit.

Doch in Wirklichkeit existieren alle Bilder gleichzeitig.

14.

Liebe so viel
du kannst!

Und die letzte
Regel lautet:

15.

Gewonnen hat,
wer am
meisten Spaß
hat!

„Interessantes Spiel",

sagen alle Seelen geichzeitig.

„Na,"

fragt dein bester
Kumpel Geist
dich,

„hast du Lust
mitzuspielen?"

"Hm..."

schmunzelst du:

„Das Spiel
klingt ja
fast zu
einfach um
wahr zu sein!"

„Ja,
aber mit den
Regeln wird es
spannend.
Lass uns spielen!

Und dann treffen
wir uns auf
der Erde, okay?"

„Okay,
ich bin dabei!

Und ich bin
sehr gespannt,
wie wir uns
wieder begegnen
werden."

„Ich hab dich lieb!"

„Ich hab dich auch
lieb! Bis gleich."

„Bis gleich,
auf der Erde!"

Und nun
darfst
du dich
erinnern.